Maria Wiesmüller

Österreichische Spezialitäten

Vom Tiroler Gröstl bis zum Wiener Schnitzel

KOMPASS KÜCHENSCHÄTZE

Ein Wort zuvor

Österreich ist zu jeder Jahreszeit beliebt wegen seiner schönen Landschaften und den vielen attraktiven Sehenswürdigkeiten. Die Kochkünste der Österreichischen Küche sind weit über die Grenzen des Landes bekannt und beliebt. Sie bieten vor allem ein vielfältiges Spektrum regionaler Spezialitäten aus den neun Bundesländern.
Viele berühmte Gerichte sind in der Zeit der österreich-ungarischen Monarchie, beispielsweise aus Böhmen, Ungarn oder Kroatien aufgenommen worden. Teils wurden sie jedoch umgewandelt, verfeinert oder mit anderen Zutaten ergänzt.
Dieses Buch soll Ihnen einen Eindruck darüber vermitteln, wie schmackhaft und variabel die Österreichische Küche ist. Sie finden Rezepte für delikate Suppen, Fisch- und Fleischgerichte, Beilagen, Kuchen oder Desserts. Darunter sind Hauptspeisen wie das „Wiener Schnitzel" oder das „Steirische Wurzelfleisch", die weit über die Landesgrenzen hinaus geschätzt werden. Natürlich fehlt die bodenständige Hausmannskost nicht. Das „Bauerngeselchte im Brotteig" ist nur ein Beispiel hierfür. Die letzten Seiten des Buches sind den „Süßen" gewidmet. Dort finden Sie berühmte Mehlspeisen und beliebte Torten sowie alles Wissenswerte über Kaffee.
Die nachfolgende Einführung liefert Ihnen Informationen über regionale Spezialitäten aus den einzelnen Bundesländern, eine kurze Weinkunde und ein kleines „Küchenlexikon" als Sprachführer durch das Land.
Ich hoffe, dass Ihnen meine Reise durch die Österreichische Küche gefällt und wünsche Ihnen stets viel Freude beim Ausprobieren der Rezepte.

Ihre

Maria Wiesmüller

Inhalt

Die Österreichische Küche und ihre regionalen Besonderheiten

Das **Burgenland** war ursprünglich ein Teil Ugarns und gehört erst seit 1921 zur Republik Österreich. Die Küche dieses Bundeslandes wird daher von der ungarischen Küche beeinflusst, was sich in der Vorliebe für Paprika, Kraut (Weißkohl), Schweineschmalz und dem „Gulyas" (Gulasch) ausdrückt. Bekannte und beliebte Speisen sind: die Knoblauchsuppe, der Krautstrudel und die „Schöberln". Das sind in Teig getauchte Obstscheiben, die in heißem Fett ausgebacken werden. **Kärnten** ist das südlichste und demnach sonnigste Bundesland. Hier findet man viele Gerichte aus verschiedenen Getreidearten in Kombination mit Fleisch- oder Milchprodukten. Typische Spezialitäten sind: die Kasnudeln, die Kirschenmandeltascherl oder die gefüllte Schweinsbrust. Zu letzterem passen „Trenten" - ein Gebäck aus dunklem Weizen- oder Roggenteig. Vielfältig sind Landschaft und Küche im größten Bundesland: **Niederösterreich**. Fast jede Region zeichnet sich durch eine eigene Spezialität aus. Die Nähe zur böhmischen und ungarischen Küche und die großen Handelsstraßen – die Salz- und Weinstraßen – haben bis heute ihren Einfluss geltend gemacht. Auch die Weinbauern, die

Donaufischer oder die Gemüseanbauer aus dem Marchfeld liefern ihren Beitrag zur Vielfältigkeit. Bauerng'selchtes (gepökeltes Schweinefleisch), der gebackene Donaukarpfen, die Waldviertler Mohnnudeln seien nur beispielhaft genannt. Auch Kartoffelgerichte spielen hier eine große Rolle. Obwohl im Waldviertel ein raues Klima herrscht, gedeihen dort die größten Erdäpfel. Strudel, in allen Variationen, sind genauso beliebt wie Germgebäck oder Knödel. Hier sind insbesondere die „Wachauer Marillenknödel“ erwähnenswert. Die berühmten „Powidltascherl“ (mit Pflaumenmus gefüllt) stammen aus der Nachbarschaft zu Böhmen.

Auch **Oberösterreich** ist bekannt und beliebt für seine bodenständige Küche. „Essen und Trinken hält Leib und Seel' z'samm“, ist ein bekannter Spruch. Beliebte Gerichte sind verschiedene Knödel, passend zum knusprig gebratenen Schweinsbraten, oder als Suppeneinlage serviert. Auch die „Mühlviertler G'hackknödel“, aus vorgekochtem oder gebratenem Fleisch hergestellt, sind eine herzhafte Spezialität. Weit über die Landesgrenzen bekannt ist die Linzertorte. Zur Weihnachtszeit gibt es vielerorts das „Kletzenbrot“ aus dunklem Teig, gemischt mit Dörrobst, darunter vor allem getrocknete „Kletzen“ (Birnen), und Nüssen sowie Orangeat, Zitronat und als Gewürze Zimt, Nelkenpulver und Anis.

Wer an **Salzburg** denkt, dem fallen sicher gleich die berühmten „Salzburger Nockerln“ ein, eine lockere Süßspeise, im wesentlichen hergestellt aus Eiern, Zucker und etwas Mehl. Neben einigen Fleischgerichten ist die Salzburger Küche für verschiedene Germ (Hefe)-Speisen bekannt, die meist im Backofen (Rohr) oder auch im Fett schwimmend zubereitet werden. Die „Mozart-Torte“ als süßes „Backwerk“ zählt wohl zu den bekanntesten Torten dieser Region.

Die grüne **Steiermark,** das zweitgrößte Bundesland, wird wegen seines Waldreichtums auch das „grüne Herz Österreichs“ genannt. In alten Geschichtsbüchern kann man Interessantes über die Kochgewohnheiten nachlesen. So kochte man früher in der Nordwest-Steiermark in erster Linie auf dem Herd. Daher gab es hier viele gedünstete oder in Schmalz gebackene Speisen. Das „Ofengebiet“ hingegen ist die Südost-Steiermark. Hier garte man eine Vielzahl von Speisen eher im Backofen. Heute sind die steirische „Weinsuppe“ und das berühmte

„Wurzelfleisch“ besonders bekannte Gerichte. Auch der „Guglhupf“ dürfte als typisches Ofengbebäck hier seine Wurzeln haben. Die Küche des gebirgigen **Tirol** ist vor allem von der Nähe zu Italien geprägt. Aber auch historische Einflüsse aus der Zeit Kaiser Maximilians sind heute noch spürbar. Die boden-

ständige bäuerliche Küche bestimmt den Speisezettel. Die „Gerscht“ (Gersten)-Suppe ist ein genauso nahrhaftes Gericht wie das „Tiroler Gröstl“ oder die raffinierten Speckknödel. Landesweit gibt es auch Krapfen in verschiedenen süßen oder pikanten Versionen.

Das westliche Bundesland **Vorarlberg** wird liebevoll das „Ländle“ genannt. Charakteristisch ist die großzügige Verwendung von Milch und Käse bei der Zubereitung vieler Speisen. So zählen die „Kässpätzle“, die „Brotsuppe“ sowie einige Eintöpfe zu den bekanntesten Gerichten. Daneben gibt es viele sehr gute Käsespezialitäten. Nach dem Essen trinkt man hier gerne einen „Zwätschger“ (Pflaumenschnaps) oder einen „Kriesner“ (Kirschbranntwein), der aus den vollreifen Berg-Kirschen gewonnen wird.

Die Bundeshauptstadt **Wien** wurde im Laufe der Jahrhunderte zu einem Zentrum einer reichen und vielgestaltigen Kochkunst. Mit der „Wiener Küche“ ist Österreich weltberühmt geworden. Sie liebt klare Suppen mit verschiedenartigsten Einlagen, panierte Speisen (Schnitzel), Gebackenes (Backhendl) und Fleisch im eigenen Saft gebraten.

Ohne die berühmten Mehlspeisen kann sie nicht auskommen; vor allem Kaiserschmarrn, Apfelstrudel und natürlich die Sachertorte. Den „Großen Braunen“ oder „Kleinen Schwarzen“ kann man in

jedem Wiener Kaffeehaus in aller Ruhe genießen. Oder man probiert den „Einspänner" oder den „Pharisäer" mit einigen „Kipferln" (kleine Mürbeteighörnchen). Das ist eine der vielen beliebten Mehlspeisen, die den Genuss des Kaffees abrunden, ohne ihn durch zu sehr ausgeprägten Eigengeschmack zu beeinträchtigen.

Kleine Weinkunde

Wer an Wien denkt, der denkt vielleicht auch an einen gemütlichen Abend beim **„Heurigen"**. Es ist schon etwas verwirrend: einmal ist die Wirtschaft gemeint, die ihn ausschenkt, zweitens natürlich der Wein selbst. Ganz zutreffend ist die Bezeichnung aber auch nicht, denn der „heurige" Wein stammt von der jüngsten Lese und wird zu „Martini" (am 11. November) für ein Jahr zum „Heurigen". Der grüne Buschen, an einer Stange festgebunden, zeigt's an: „ausg'steckt is'!" – der „Heurige" wird ausgeschenkt.
Ein echter Heurigenwirt schenkt eigentlich nur den Wein aus, der auf seinem eigenen Weinberg gewachsen ist. Volle, blumige Nussberger und Kahlenberger oder resch-fruchti-

ge Bisamberger sind „Weine im Dreivierteltakt", die das Herz jedes Weinliebhabers höher schlagen lassen.
Vor den Toren Wiens erstrecken sich die Weinanbaugebiete Klosterneuburg und Gumpoldskirchen, die mit Krems, Langenlois, Wachau, Retz und Vöslau zu Niederösterreich,der größten Weinbauregion Österreichs, gehören. Die klassische Weißweinsorte dieses Bundeslandes ist der fruchtig-spritzige „Grüne Veltliner", der eine österreichische Besonderheit ist und in den sonnendurchglühten Lößböden zu hoher Reife gelangt.
Im Burgenland, der zweitgrößten Weinbauregion Österreichs, reifen im pannonischen Klima Rot- und Weißweine von hervorragender Qualität. Das Hauptanbaugebiet erstreckt sich um den Neusiedler See, an dessen Ufer die Hochburgen der burgenländischen Weinkultur liegen. Die Freistadt Rust zählt mit ihrer sehenswerten Altstadt zu den schönsten Städten Österreichs. Sie wurde 2001 zum Weltkulturerbe erklärt. Der Weinfreund sollte nicht versäumen, den kräftig fruchtigen „Blaufränki-schen" zu genießen, der wie „St. Laurent", „Traminer" und „Muskat-Ottonel" auf den Böden des Burgenlandes besonders gut gedeiht. Der Weinanbau in der Steiermark läßt sich bis in die keltische Zeit zurückverfolgen. Der **„Schilcher"** ist wohl die bekannteste Weinsorte, gerade wegen seiner zartrötlichen Farbe. Er ist eine steirische Spezialität und schmeckt frisch und feinsäuerlich. Aus der blauen Wildbachrebe gewonnen, gedeiht er im westlichen Teil der Steiermark um Deutschlandsberg und Stainz. Ein besonders reizvoller Flecken Erde ist die Südsteiermark mit der uralten Siedlung Leibnitz. Von Kitzeck, dem höchstgelegenen Weindorf Europas, bietet sich ein weiter Blick über die steirische Weinlandschaft. Die führende Rebsorte der Steiermark ist der Welschriesling, gefolgt vom Müller-Thurgau und dem Muskat-Sylvaner (Sauvignonblanc). Zu den großen steirischen Weinen zählt auch der Gewürztraminer aus dem oststeirischen Weinbaugebiet Klöch.

Küchenlexikon

Apfelkren	Apfel-Meerrettichsauce
Beugel	Hörnchen
Beuschel	Lunge
Buchteln	Hefegebäck
Butterteig	Blätterteig
Dotter	Eigelb
Eierschwammerl	Pfifferling
Eiklar	Eiweiß
Erdäpfel	Kartoffeln
Faschiertes	Hackfleisch
Fisolen	Grüne Bohnen
Frittaten	Streifen aus Pfannkuchenteig als Suppeneinlage
G'hack	Reste von gekochtem oder gebratenem Fleisch
G'selchtes	Gepökeltes
Gelbe Rüben	Möhren, Karotten
Germ	Hefe
Grammeln	Grieben
Häuptelsalat	Kopfsalat
Hendl	Hähnchen
Holler	Holunder
Jungfernbraten	Filet vom Schwein
Kalbsvögerl	Rouladen aus Kalbfleisch
Kalbsstelze	Kalbshaxe
Karfiol	Blumenkohl
Kipferl	Kleine Hörnchen
Knödeln	Große Klöße
Knöderln	Kleine Klößchen
Kraut	Weißkohl
Kren	Meerrettich
Lauch	Porree
Lungenbraten	Filetbraten
Marillen	Aprikosen
Nockerln	Mit Hilfe eines Löffels abgestochene, kleine Klößchen
Nockerlsuppe	Klare Fleischbrühe mit Grießklößchen

Nussbeugel	Hefehörnchen mit Nussfüllung
Obers	Süße Sahne, Schlagsahne
Panier	Panade
Palatschinken	Dünne Eierpfannkuchen
Paradeiser	Tomaten
Pofesen	Gefüllte, gebackene Weißbrotschnitten
Powidl	Pflaumenmus
Rahm	Saure Sahne
Ribisel	Johannisbeeren
Rostbraten	Hochrippe vom Rind, auch Roastbeef
Röster	Fruchtkompott
Seiher	Sieb
Selchfleisch	Geräuchertes Schweinefleisch
Semmel	Brötchen
Semmelbrösel	Paniermehl
Schlagobers	Süße Sahne
Schlegel	Keule
Schöps	Hammel
Schwammerl	Pilze
Stangerl	Kleines Gebäck in Stangenform
Staubzucker	Puderzucker
Tafelspitz	Besonderes Fleischstück vom Rind (Hüfte)
Topfen	Quark
Topfenpalatschinken	Mit Quark und Rosinen gefüllte Eierpfannkuchen
Vanillekipferl	Kleine Mürbteighörnchen
Vogerlsalat	Feldsalat
Weichseln	Sauerkirschen
Wurzelwerk	Suppengemüse
Zwetschgen (auch Zwetschken)	Pflaumen
Zwetschgendatscherl	Mit Pflaumenmus gefülltes Gebäck
Zwetschgenröster	Pflaumenkompott
Zwiebelfleisch	Zartes Filet, in Zwiebeln geschmort

● Die Rollgerste in ein Sieb geben und kurz kalt abspülen. Mit Wasser bedeckt über Nacht quellen lassen. Den Speck fein würfeln, in einen größeren Topf geben und langsam ausbraten. Die Gerste abtropfen lassen und kurz miträsten. Etwas Fleischbrühe hinzugießen. Die Zwiebeln schälen und würfeln.

● Die gelben Rüben und den Sellerie ebenfalls schälen, waschen und in längliche Streifen schneiden. Zur Speck-Gerstenmischung geben, die restliche Fleischbrühe hinzugeben. Mit Salz und Pfeffer kräftig würzen, kurz aufkochen und anschließend auf niedriger Stufe für ca. 2 Stunden gar ziehen lassen.
Ca. 1/2 Stunde vor dem Servieren geschälte, gewaschene und fein ge-

Osttiroler Gerstensuppe

- 60 - 80 g Rollgerste (4 EL)
- ca. 150 g durchwachsener Speck
- 1 1/2 l Fleischbrühe
- 2 kleinere Zwiebeln
- 2 gelbe Rüben (Möhren)
- 1/4 Stück Sellerieknolle
- 1 große Stange Lauch
- 2 Erdäpfel (Kartoffeln)
- Salz, Pfeffer
- etwas Muskat
- 1 EL Mehl
- Wasser
- 2 EL Rahm (saure Sahne)
- 4 dünne, ausgebratene Speckscheiben

würfelte Erdäpfel dazugeben. Die Speckscheiben in einer Pfanne langsam knusprig ausbraten. 10 Minuten vor dem Fertigwerden mit kaltem Wasser verrührtes Mehl einrühren. Abschmecken, mit Muskat würzen und den Rahm unterziehen. Nicht mehr aufkochen. Mit den ausgelassenen Speckscheiben belegen und heiß servieren.

Beilage: Bauernbrot

Tipp:
Die „Gerschtsuppe" ist ein weit verbreitetes, bäuerliches Gericht, da die Gerste sogar in Höhenlagen von 1500 - 1700 m gedeiht. Vor allem als Fastengericht (ohne Fleischzugabe) war sie früher schon sehr beliebt. Anstelle von Fleisch hat man die Suppe mit in Butter gerösteten Zwiebeln aufgebessert.

Steirische Weinsuppe

- 3 - 5 Semmeln (Brötchen)
- 2 - 3 EL Butter, 1 TL Zimt
- 1 l kräftiger Weißwein
- 4 - 5 EL Zucker
- etwas fein geschälte Zitronenschale einer ungespritzten Zitrone
- 6 - 8 Eidotter, 4 EL Rahm

● Die Semmeln fein schneiden, in heißer Butter anrösten und mit Zimt bestreuen.
Den Wein aufkochen, Zucker und geriebene Zitronenschale hinzufügen.

● Die Kochplatte zurückschalten. Eidotter mit Rahm verquirlen. Zur Suppe geben und unter ständigem Schlagen einrühren. Zuletzt die angerösteten Semmeln untermischen und die Suppe servieren.

Burgenländer Knoblauchsuppe

200 g Wurzelwerk	3 - 5 geschnitttene Knoblauchzehen
2 EL Butter, Salz, Pfeffer	1 Prise Ingwer, Kümmel
50 g Butterschmalz	2 EL Mehl, 1 1/4 l Brühe
1 - 2 gehackte Zwiebeln	

● Wurzelwerk putzen, waschen und kleinschneiden. Butter zerlassen, das Gemüse darin dünsten. Würzen. Mit Brühe auffüllen. Ca. 20 Min. kochen lassen. Durchpassieren. Die Brühe auffangen.

● Butterschmalz erhitzen, Zwiebeln und Knoblauch anbräunen. Mit Ingwer würzen. Mehl unterrühren. Gemüsebrühe erhitzen, das Mehlgemisch einrühren. Abschmecken und servieren.

Geröstete Brotsuppe
aus Vorarlberg

- 150 g altbackenes, dunkles Bauernbrot (Schwarzbrot)
- 1 größere Zwiebel
- 2 EL geh. Petersilie nach Belieben
- 2 EL Mehl
- 40 g Butterschmalz oder Butter
- 1/2 l Wasser
- 1/2 l kräftige Fleischbrühe
- Salz
- weißer Pfeffer
- 1 - 2 Eier
- 2 EL Schlagobers (süße Sahne)
- 1 Prise Muskat
- etwas Kümmel
- 1 zerpresste Knoblauchzehe nach Belieben

- Das Brot würfeln oder in sehr dünne Scheiben schneiden. Die Zwiebel schälen und ebenfalls würfeln. Die Petersilie waschen, trocknen und fein hacken. Diese Zutaten mit dem Mehl in heißem Fett unter ständigem Umwenden langsam anrösten.
- Mit dem Wasser und der Brühe auffüllen, würzen und so lange weitergaren, bis die Brotscheiben sichtbar weichgekocht sind. Durch ein Sieb passieren und in den Topf zurückgeben. Eier mit Schlagobers und einer Prise Muskat verschlagen.
- Die Suppe damit legieren. Sofort mit Kümmel bestreut servieren und nach Belieben mit gepresstem Knoblauch abrunden.

Grießknödelsuppe
aus Oberösterreich

50 g weiche Butter	Butterschmalz zum Backen
2 Eier	1 l klare Fleischbrühe
5 EL Grieß	Salz, Pfeffer
2 EL Rahm (saure Sahne)	1 Bund Schnittlauch

- Die Butter sehr flaumig rühren. Eier, Grieß und Salz hinzufügen und weiterrühren. Ca. 20 Min. ruhen lassen. Kleine Knödel formen.
- Das Fett erhitzen, die Knödel hineingeben und nacheinander goldgelb backen.

Die Fleischbrühe erhitzen, die Knödel dazugeben und aufkochen. Abschmecken. Mit Schnittlauchröllchen bestreuen.

Leberknödel-Suppe

- 1 kleine Zwiebel
- 1/2 Bund geh. Petersilie
- 30 - 40 g Butter
- 4 - 6 altbackene Semmeln
- 200 ml lauwarme Milch
- 200 g durchpassierte Rinder- o. Schweineleber
- 2 Eier
- Salz, Pfeffer, Majoran
- etwas abgeriebene Schale einer unbeh. Zitrone
- 1 Prise Muskat
- 1/2 Knoblauchzehe nach Belieben
- Semmelbrösel nach Bedarf
- 1 1/2 l kräftig abgeschm. Rindssuppe
- etwas Schnittlauch

● Die Zwiebel schälen und fein hacken. Die Butter in einer Pfanne erhitzen, Zwiebel und Petersilie dazugeben und unter beständigem Wenden andünsten. Beiseite stellen.

● Die Semmeln klein schneiden, in eine Schüssel geben und mit der Milch etwas übergießen. Etwas durchziehen lassen, dann ausdrücken und zerpflücken. Die Leber dazugeben. Eier, Gewürze, nach Belieben frisch gepresster Knoblauch und Zwiebel-Petersilien-Mischung dazugeben.

● Alles gut verkneten. Hierzu den Elektroquirl einsetzen. Bei Bedarf noch Semmelbrösel unter den Teig mischen.

● Etwa 30 Minuten lang durchziehen lassen.

● Mit nassen Händen Knödel formen und diese – je nach Größe – etwa 15 - 20 Minuten lang in der heißen Fleischbrühe gar kochen. Mit frisch gehacktem Schnittlauch bestreut servieren.

Tipp:
Möchten Sie eine klare Brühe servieren, so sollten Sie die Leberknödel erst in Salzwasser kochen und dann in die Fleischbrühe geben. Im Salzburger Land schätzt man an Hochzeiten und Festtagen auch die „Gebackenen Leberknödel“. Diese werden nach dem Kochen in gesalzenem Wasser gut abgetropft und für ca. 10 Minuten in heißem Fett ausgebacken. Dann erst serviert man Sie in der heißen Rindssuppe.

Gemischte „Schwammerl“ in Rahm

3 EL Butter	150 g junge Butterpilze
1 größere Zwiebel	2 EL Mehl
250 g braune Champignons (Egerlinge)	1/4 l Fleisch- oder Hühnerbrühe
250 g kleine, weiße Wiesenchampignons	Salz, weißer Pfeffer, Muskat
150 g Eierschwammerl (Reherl, Pfifferlinge)	etwas Zitronensaft
	1/4 l Rahm (saure Sahne)
	1/2 Bund geh. Petersilie

- In einem halbhohen Topf zunächst die Butter langsam schmelzen. Die geschälte, fein gehackte Zwiebel darin glasig dünsten.
- Die verschiedenen „Schwammerl" (Pilze) putzen, säubern, wenn nötig kurz kalt abbrausen und gut trockentupfen.
- Die Pilze zu der Zwiebel geben, kräftig mitdünsten, mit Mehl bestäuben und von der Kochstelle nehmen. Einige Minuten lang abkühlen lassen, dann die Brühe dazugeben und unterrühren.
- Etwa 10 Minuten garen, dabei gelegentlich durchmischen. Den Topf erneut von der Kochstelle nehmen, das Pilzgemüse würzen, den Zitronensaft dazugeben und mit Rahm sowie Petersilie abschmecken.

Beilage:
Semmelknödel oder gekochte Erdäpfel (Kartoffeln)

Anmerkung:
Sollten die Schwammerl zu viel Feuchtigkeit abgegeben haben, so können Sie das Gericht auch mit 1 Eidotter (Eigelb) legieren. Danach nicht mehr aufkochen.

Interessant für Sie:
Champignons sowie andere weiche Pilzsorten nehmen gerne Wasser auf und heißen daher in manchen Regionen „Schwämme" oder „Schwammerl".

Gefüllte Paradeiser

4 große, feste Paradeiser (Tomaten)
200 g Wurst
1 gewürfelte Essiggurke
1 EL geh. Petersilie
1 - 2 EL gekochte Maiskörner und Erbsen
2 EL Mayonnaise
1 EL Joghurt, etwas Senf
Salz, weißer Pfeffer

- Paradeiser waschen, Deckel abschneiden und das Fruchtfleisch herausheben. Die Wurst in Streifen schneiden und mit den Gemüsezutaten in eine Schüssel geben.
- Mayonnaise mit Joghurt und Senf verrühren. Abschmecken und darunter mischen. Die Paradeiser damit füllen und servieren.

Erdäpfelsalat Tiroler Art

500 g speckige Erdäpfel (Kartoffeln)	1 TL mittelscharfer Senf
50 g geräucherter, durchwachsener Speck	1/8 l Fleischbrühe
1 mittlere Zwiebel	Salz
2 EL Öl	schwarzer Pfeffer
1 1/2 EL Weinessig	1 Prise Zucker
	1 TL Kapern
	1 EL gehackter Schnittlauch

● Die Erdäpfel (Kartoffeln) in der Schale in einen ausreichend großen Topf geben und unter Zugabe von genügend Wasser garkochen.

● Abgießen, etwas abkühlen lassen und noch lauwarm schälen. In Scheiben schneiden und in eine größere Schüssel geben. Den Speck in sehr feine Würfel schneiden. Die Zwiebel schälen und fein hacken.
Hierzu am besten ein sehr scharfes Messer mit einer möglichst dünnen Klinge verwenden.

● Das Öl in einer mittelgroßen Pfanne langsam erhitzen. Die Speck- und Zwiebelwürfel darin bei mittlerer Einstellung glasig braten, dabei ständig mit einem Wender umwenden. Diese Mischung mit Essig ablöschen. Über die Kartoffeln in die Schüssel geben.

● Die Fleischbrühe erhitzen, den Senf darin glattrühren und beides zu den Kartoffeln geben. Kräftig würzen und alle Zutaten gut mischen. Mit reichlich frisch gehacktem Schnittlauch bestreut servieren.

Tipp:
Der Tiroler Erdäpfelsalat paßt sehr gut zu gebackenen Speisen wie zum Beispiel „Wiener Schnitzel" oder „Wiener Backhendl" aber auch zum Karpfen.

Interessant für Sie:
Der Erdäpfelsalat wird in Tirol auch mit Kresse, Endivienblättern, Gurkenscheiben, Tomaten oder mit einem Vogerlsalat (Feldsalat) gemischt angerichtet. Erdäpfel, in vielen Variationen zubereitet, sind in diesem Bundesland besonders beliebt. Sie haben vielerorts allmählich die alten Linsen-, Erbsen- oder Bohnengerichte vom Speisezettel verdrängt. Auch in Wien ist der „Wiener Erdäpfelsalat" sehr bekannt. Die Rezeptur ist ähnlich der des Tiroler Erdäpfelsalates. Er wird jedoch ohne Zugabe von Speckwürfeln zubereitet. Die gut geeigneten, speckigen Erdäpfel (Kartoffeln) bezeichnet man in Wien als „Kipfler".

Tafelspitz mit Apfelkren

1 kg Suppenknochen
2 kg Tafelspitz, etwas durchwachsen (Hüfte)
1 Petersilienwurzel
1 - 2 gelbe Rüben
1/2 Sellerieknolle
1 kleine Stange Lauch
2 Knoblauchzehen
2 kleine Zwiebeln
1 Lorbeerblatt
1 Bund Schnittlauch
1 Prise Muskat, Salz

Für die Sauce:

2 mittelgroße Äpfel
2 EL Weinessig
2 - 3 EL Kren (Meerrettich)
1 - 2 TL Zucker
Salz, Pfeffer

- Die Suppenknochen kräftig abspülen, eventuell bürsten und in einen großen Topf geben. Mit ausreichend Wasser bedecken, salzen und aufkochen lassen. Das Tafelspitzfleisch hineinlegen, nochmals aufkochen, den entstehenden Schaum mehrmals abheben und die Kochplatte herunterschalten.
- Inzwischen Petersilienwurzel, gelbe Rüben, Sellerie und Lauch putzen, waschen, je nach Sorte schälen und grob zerkleinern. Knoblauchzehen und Zwiebeln schälen und halbieren. Alle Gemüsezutaten mit dem Lorbeerblatt zum Fleisch geben. Würzen, nochmals abschäumen.
- Den Tafelspitz nun auf niedriger Stufe, leicht „köchelnd“, in ca. 2 Stunden gar ziehen lassen. Das

Fleisch ist fertig, wenn es sich mit einem spitzen Messer leicht einstechen läßt. Ca. 1/2 Stunde vor dem Fertigwerden die Sauce zubereiten. Hierzu die Äpfel schälen, vierteln, vom Kerngehäuse befreien und fein schneiden. Mit Essigzugabe in einem flachen Topf ca. 10 - 12 Minuten dünsten. Abkühlen lassen. Mit geriebenem Kren mischen und abschmecken.

- Schnittlauch waschen und in Röllchen schneiden. Das Fleisch aus dem Topf nehmen, die Brühe durch ein feines Sieb gießen und mit Muskat und Salz abschmecken. Den Tafelspitz quer zur Faser aufschneiden und auf einer vorgewärmten Platte anrichten. Mit Brühe übergießen und mit Schnittlauch sowie wahlweise auch etwas Wurzelwerk bestreuen. Mit Apfelkren servieren.

Beilage:
Geröstete Erdäpfel

Kalbsvögerl aus Oberösterreich

4 - 6 Kalbsschnitzel aus der Schulter

Salz, weißer Pfeffer

50 g fetter Speck

100 g Faschiertes (Hack)

4 EL Obers (süße Sahne)

1 Dotter (Eigelb)

1 gewürfelte Zwiebel, Thymian, Knoblauch

1 kleine Zwiebel

60 g Speck

gedünstetes Gemüse nach Belieben

ca. 1/4 l Brühe

Für die Sauce:

1/8 l Rahm (saure Sahne)

1 - 2 EL Mehl

gedünstete Pilze

- Die Schnitzel kurz kalt abspülen und trocken tupfen. Leicht klopfen. Pfeffern und salzen. Klein geschnittenen Speck goldgelb ausbraten, zum Faschierten geben. Mit Obers, Zwiebel, Dotter, Gewürzen und gedünstetem Gemüse nach Belieben gut vermischen. Die Masse auf die Kalbsschnitzel streichen, zusammenrollen und mit Rouladennadeln (oder Zwirn) fixieren.

- Die Zwiebel schälen, fein hacken und mit dem würfelig geschnittenen Speck rösten. Die Kalbsvögerl darin rasch anbraten, mit Brühe ablöschen, herunterschalten und ca. 40 - 50 Minuten schmoren lassen.

- Das Fleisch herausnehmen und die Befestigung entfernen.

- Für die Sauce Rahm mit Mehl glattrühren, zum Fond geben, einrühren und nochmals aufkochen. Pilze hinzufügen. Die Kalbsvögerl darin kurz durchziehen lassen und sofort servieren.

Interessant für Sie:
In der bürgerlichen Küche der größeren Städte Oberösterreichs wurden bis ins 19. Jahrhundert hinein auch Singvögel, vor allem Lerchen, gerne zubereitet. „Vogelfänger“ lieferten sie den großen Herrschaftshäusern. Sozusagen als „Ersatz“ für alle anderen, die sich diese Spezialität nicht leisten konnten, gab es die „Kalbsvögerl“.

Wiener Zwiebelrostbraten

2 mittelgroße Zwiebeln
2 EL Mehl
4 Scheiben Rostbraten am besten Rinderschnitzel aus der Hochrippe à ca. 200 g
Salz, weißer Pfeffer
5 EL Öl
1/8 l Fleischbrühe
1 EL Butter
4 kleine Gewürzgurken, nach Belieben als Garnitur

● Die Zwiebeln schälen und möglichst gleichmäßig in sehr dünne Ringe schneiden. Das Mehl auf einen flachen Teller geben. Die Rinderschnitzel kurz kalt abspülen, mit Küchenpapier trocken tupfen und etwas flach klopfen. Auf beiden Seiten salzen und pfeffern und auf einer Seite kurz durch das Mehl ziehen. Überschüssiges Mehl einfach abschütteln. Das Öl in einer ausreichend großen Pfanne erhitzen.

● Die Fleischscheiben zuerst mit der bemehlten Seite hineinlegen und von jeder Seite 4 bis 5 Minuten braten. Die Rostbratscheiben sollen innen noch leicht rosa sein.

● In der Zwischenzeit die Butter in einer zweiten, kleineren Pfanne erhitzen. Die Zwiebelringe hineingeben und bei mittlerer Hitze goldgelb braten. Die Pfanne beiseite stellen.

● Die Zwiebelringe herausnehmen, auf einen Teller geben und salzen. Warmstellen.

● Die Rostbratscheiben ebenfalls auf eine vorgewärmte Platte geben und warmstellen. Den Bratenfond mit der Fleischbrühe loskochen, die Butter aus der kleineren Pfanne hinzufügen, abschmecken und die Sauce über die Fleischscheiben gießen.

● Die Zwiebelringe darauf verteilen und nach Belieben mit Gewürzgurkenscheiben garniert servieren.

Beilage:
Dazu passen am besten gebratene Erdäpfel (Kartoffeln).

Tipp:
Sie können den Rostbraten auch im Ganzen zubereiten. Die Bratzeit beträgt bei 200° C ca. 90 Minuten. Nach der Hälfte der Zeit Zwiebeln und geputzten Lauch dazugeben.

Wiener Schnitzel

4 Kalbsschnitzel vom Schlegel (Keule) à ca. 170 - 180 g	1/4 l Öl zum Ausbraten
2 Eier	50 - 60 g Mehl
2 EL Schlagobers	100 g Semmelbrösel
Salz	weiche Butter
weißer Pfeffer	Zitronenscheiben oder Viertel
	Petersilie

- Die Schnitzel kurz kalt abspülen und mit Küchenpapier trocken tupfen. Von den Sehnen und eventuellen Häuten befreien, damit sie sich beim Braten nicht aufwölben. Die Schnitzel beidseitig klopfen. Eier, Schlagobers, Salz und Pfeffer in einem tiefen Teller gut verquirlen.

- Das Öl in einer großen Pfanne erhitzen. Das Mehl auf einen Teller geben, ebenfalls würzen und die Schnitzel beidseitig darin andrücken. Danach durch das Eiergemisch ziehen, leicht abtropfen lassen und von beiden Seiten in den Semmelbröseln wenden.

- Die so vorbereiteten Schnitzel nacheinander in das heiße Öl legen und bei mäßiger Hitze in ca. 3 - 5 Minuten ausbraten.

- Zwischendurch mit Hilfe eines Wenders umdrehen. Es empfiehlt sich während des Bratens die Pfanne sehr vorsichtig zu schwenken, damit die Panier (Panade) schön aufgeht. Die goldgelb gebratenen Schnitzel sollten auf einem Stück Küchenpapier abtropfen und mit weicher Butter bestrichen werden.

- Anschließend werden sie mit Zitronenscheiben (oder Vierteln) und Petersilie garniert serviert.

Beilage:
Erdäpfelsalat (s. Seite 20)

Interessant für Sie:
Das Wiener Schnitzel zählt zu den Klassikern der Wiener Küche. International hat es eine weite Verbreitung gefunden, obwohl es der Geschichte nach eigentlich aus Mailand stammt. Feldmarschall Radetzky soll von dort 1848 das Rezept des „costoletta milanese" nach Wien mitgebracht haben.

„Rindsgulyas“

Rindsgulasch aus dem Burgenland

800 g Rindfleisch
600 g Zwiebeln
2 EL Butterschmalz
2 EL Paprikapulver
1 EL Essig
ca. 3/4 l Fleischbrühe
1 Knoblauchzehe
etwas zerriebener Majoran
1/2 TL gem. Kümmel
1 Knoblauchzehe
Salz, Pfeffer
1 EL Paradeismark (Tomatenmark)

- Das Fleisch kurz kalt abspülen und trocken tupfen. In gleich große Würfel schneiden. Die Zwiebeln schälen und fein hacken. Das Butterschmalz in einem größeren Topf erhitzen. Die Zwiebeln darin goldbraun anbraten. Das Paprikapulver darüber streuen und mit Essig und einigen Eßlöffeln Brühe aufgießen.
- Das Fleisch dazugeben und würzen. Zugedeckt bei niedriger Stufe ca. 1 1/2 Stunden schmoren lassen, dabei des öfteren wenden und immer etwas Fleischbrühe hinzufügen.
- Ist die Garzeit abgelaufen, die restliche Brühe, das Paradeismark und die zerdrückte Knoblauchzehe unterrühren. Nochmals 10 Minuten ziehen lassen und erneut abschmecken.

● Das Gulasch auf Teller verteilen.

Beilage:
Semmelknödel (s. Seite 48)

Interessant für Sie:
Das „Gulyas" (Gulasch), ursprünglich aus Ungarn stammend, gehört eigentlich zu den wenigen Speisen, die aufgewärmt noch besser schmecken, als frisch zubereitet. Typisch ist auch die Garnitur mit einem gebratenen Spiegelei, einem Würstchen sowie einer gefächerten Gewürzgurke. So wird das Gericht zum beliebten „Fiaker Gulasch", das vor allem in Wien sehr bekannt ist.

Steirisches Wurzelfleisch

- ca. 1 kg Schweinefleisch (Schulter)
- 1 große Zwiebel, Salz
- 1 Lorbeerblatt
- 1/2 TL Pfefferkörner
- 2 große gelbe Rüben
- 1 kleine Sellerieknolle
- 1 große Petersilienwurzel
- 1 - 2 EL Essig
- 2 EL Butter
- 2 EL frisch geriebener Meerrettich

● Das Schweinefleisch waschen, mit Küchenpapier trocken tupfen und in einen großen Topf geben. Wasser erhitzen und so viel zum Fleisch geben, dass es gerade bedeckt ist. Aufkochen, den Schaum abheben und bei schwacher Hitze zugedeckt weiterköcheln lassen.

● Die Zwiebel schälen, groß würfeln. Mit dem Salz, dem Lorbeerblatt und den Pfefferkörnern zum Fleisch geben. Die gelben Rüben, die Sellerieknolle und die Petersilienwurzel putzen, waschen und schälen. Eine Hälfte davon grob gewürfelt zum Fleisch geben, das restliche Wurzelgemüse in sehr dünne Stifte schneiden. Diese beiseite stellen.

● Nun noch den Essig zum Fleisch geben und das Ganze auf niedriger Stufe ungefähr 2 Stunden gar ziehen lassen. Anschließend aus der Brühe heben und diese durch ein Sieb gießen. Die Gemüsestifte mit der Butter und 1 - 2 Tassen Brühe in 5 - 8 Minuten bei mittlerer Hitze bissfest garen.

● Das Fleisch in Scheiben oder Würfel schneiden. Portionsweise auf tiefen Tellern verteilen. Die Gemüsestreifen mit der Brühe darüber geben und das Gericht mit frisch geriebenem Meerrettich bestreut servieren.

Tipp:
Dazu passen am besten gekochte Erdäpfel.

Knusprig gebratene Stelze

1 größere Kalbs- oder Schweinestelze (Haxe) von ca. 1,2 - 1,5 kg	Wurzelwerk aus: 1 Zwiebel
Salz, Pfeffer	2 gelbe Rüben (Möhren)
1 - 2 Knoblauchzehen	1/4 Stück Zeller (Sellerie)
30 - 40 g Butterschmalz	Salzwasser zum Bestreichen
etwa 1/4 l heißes Wasser	

- Die Stelze kurz kalt abspülen und mit Küchenpapier trocken tupfen. Die Fettschicht mit Hilfe eines scharfen Messers rundum kreuzweise einschneiden. Von allen Seiten würzen und mit geschältem, durchgepresstem Knoblauch einreiben.
- Das Backrohr auf 190 - 210° C vorheizen.
- Das Butterschmalz in einem backofenfesten Bratentopf oder in einer Bratreine (Bratform) erhitzen und die Stelze darin kräftig anbraten. Mit Wasser ablöschen und die Stelze in 1 1/2 Stunden im Backrohr fertigbraten. Zwischendurch wenden und dabei immer wieder übergießen.
- Etwa nach der Hälfte der Zeit mit dem geputzten, klein geschnittenen Wurzelwerk einlegen.

- Kurz vor Ende der Bratzeit die Haut mit Salzwasser bestreichen und die Stelze mit starker Oberhitze oder unter dem Grill kurz überkrusten.
- Das Bratgeschirr herausnehmen, das Fleisch auf einer Platte im abgeschalteten Rohr warmhalten, den Bratensatz mit etwas Wasser lösen, durchseihen und eventuell noch leicht einkochen lassen. Abschmecken und separat zum Fleisch reichen.
- Die Stelze im Ganzen servieren oder am Knochen entlang zerteilen und wieder zusammensetzen.
- Auf einer Platte oder einem Holzbrett anrichten.

Beilage:
Semmelknödel oder ein kräftiges Bauernbrot, Krautsalat.

Gebackenes Kalbsbries

500 g Kalbsbries	2 - 3 EL Mehl
Salzwasser	4 - 5 EL Semmelbrösel
Salz, weißer Pfeffer	50 g Butterschmalz oder Öl zum Ausbacken
1 - 2 Eier, mit Salz und 1 - 2 EL Milch versprudelt	4 Zitronenspalten

- Das Bries in kaltem Wasser gründlich waschen, dann blanchieren. Hierzu das Bries in kaltes Salzwasser geben, etwa 5 Minuten ziehen lassen, herausnehmen und kalt überbrausen. Anschließend sorgfältig häuten.
- In fingerdicke Scheiben schneiden und mit Salz sowie Pfeffer würzen. In Mehl wenden, durch die Eiermilch ziehen und dann in den Semmelbröseln panieren.
- Butterschmalz oder Öl in einer größeren Pfanne erhitzen, die Briesscheiben hineingeben, die Kochstelle herunterschalten und die Scheiben auf beiden Seiten langsam goldgelb ausbacken. Mit Zitronenspalten garniert servieren.

Beilage:
Erdäpfel-(Kartoffel) oder Vogerl-(Feld)Salat

Szegediner Gulasch

600 g Schweinefleisch von der Schulter oder vom Halsgrat (Nacken)	1 TL Rosenpaprikapulver
4 Zwiebeln	500 g fein geschnittenes, edelsüßes Sauerkraut
1 - 2 Knoblauchzehen	1 TL Mehl
2 EL Butter- oder Schweineschmalz	200 ml Rahm (saure Sahne)
400 ml Kalbsfond	1/2 TL weißer Pfeffer
	1/2 TL Salz
	Kümmel nach Belieben

- Das Schweinefleisch kurz kalt abspülen und mit etwas Küchenpapier gut trocken tupfen. In ca. 3 cm große Würfel schneiden.
- Die Zwiebeln sowie die Knoblauchzehen schälen und fein hacken. Das Butter- oder Schweineschmalz in einem großen Topf erhitzen und die Fleischwürfel unter mehrmaligem Wenden kräftig darin anbraten. Zwiebeln und Knoblauch hinzufügen und glasig werden lassen.
- Mit der Hälfte des Kalbsfonds ablöschen. Die Flüssigkeit mit geöffnetem Topf auf niedriger Kochplattenstufe langsam einkochen. Das Paprikapulver darüber streuen.
- Das Sauerkraut abtropfen lassen und mit dem restlichen Fond zum Fleisch geben. Alle Zutaten gut mischen. Anschließend das Gericht auf niedriger Stufe ca. 30 - 45 Minuten weiterschmoren lassen. Zwischendurch mehrmals umwenden. Mehl mit saurem Rahm glatt rühren, zum Gulasch geben und für ca. 10 Minuten langsam weitergaren. Nochmals mit Salz und Pfeffer abschmecken.

Tipp:
Zum Szegediner Gulasch servieren Sie am besten Semmel- oder Erdäpfel (Kartoffel)-Knödel. Hierfür 1 kg mehlig-kochende Erdäpfel schälen, weichkochen, dann durchpressen und mit 200 - 250 g Stärkemehl, 1 1/2 TL Salz und frisch ger. Muskat vermischen. Ca. 3/8 l heiße Milch dazugeben,

alles sehr gut verkneten, Knödel formen und in ca. 3 l Salzwasser garziehen lassen. Vorher der Kochflüssigkeit etwas Stärkemehl zugeben.

Nach Belieben 1 - 2 Semmeln (gewürfelt und in 3 - 4 EL Butter geröstet) in die Mitte der Knödel eindrücken, dann einzeln nachformen.

Bauerngeselchtes im Brotteig

aus Niederösterreich

1,5 kg Bauerngeselchtes (gepökelter und geräucherter Beinschinken)	
2 l Wasser	
250 g Wurzelwerk, z.B. 1 - 2 Ziebeln	
1 Stange Lauch (Porree)	
1 - 2 gelbe Rüben	
1/4 Stück Sellerie	
1/2 Petersilienwurzel	
1/2 Bund Petersilie	
1,5 kg dunkler Brotteig (selbstgemachter Sauerteig oder vom Bäcker gekauft)	
2 Dotter, 2 EL Milch	

● Den Schinken für ca. 24 Stunden in Wasser kühl lagern. Dann in einen großen Topf geben und mit reichlich heißem Wasser begießen. Grob geschnittenes, geputztes und gewaschenes Wurzelwerk dazugeben und zugedeckt ca. 1 Stunde leicht köcheln lassen. Herausnehmen und mit Küchenpapier gut trocken tupfen.

● Den Brotteig auf einer bemehlten Arbeitsfläche ca. 1 cm dick zu einem Rechteck ausrollen. Zuerst die beiden Längsseiten, dann die beiden Schmalseiten so darüber schlagen, dass der Schinken ganz eingerollt ist. Den Teig mit einer Gabel mehrmals einstechen.

● Den Schinken auf ein mit Backpapier aus-

gelegtes Backblech geben. Dotter mit Milch verquirlen und den Brotteig damit bestreichen. Ca. 30 Minuten ziehen lassen. Backzeit: Ca. 2 Stunden bei 170 - 190° C. Abkühlen lassen und aufschneiden.

Beilage:
Krenrahmsauce, Salat.

Interessant für Sie:
Geselchtes wird in jedem Bauernhaus etwas anders zubereitet. 5 - 10 kg schwere Scheinefleischstücke werden in einer Mischung aus Salz, Knoblauch, Zucker, Koriander und Kümmel eingerieben und in einem beschwerten Holzgefäß für ca. 10 Tage an kühlem Ort stehen gelassen.

Faschierter Braten

500 g Faschiertes (Hackfleisch)	1 EL Semmelbrösel
1 Zwiebel	etwas vorgegartes Gemüse nach Belieben
1 Bund Petersilie	2 Speckscheiben, Butter
20 g Butter	1 Zwiebel
1 zerdr. Knoblauchzehe	1 gelbe Rübe (Möhre)
ca. 1/2 TL Pfeffer	1 EL Paradeismark (Tomatenmark)
je 1 Prise Majoran, Muskat	2 EL Rahm (saure Sahne)
1 Ei, Salz	ca. 1/4 l Fleischbrühe
1 alte Semmel	1 TL Speisestärke

- Das Faschierte durchkneten. Die Zwiebel schälen, die Petersilie waschen. Beides fein hacken. In heißer Butter andünsten, abkühlen lassen und zum Faschierten geben. Knoblauchzehe, Pfeffer, Majoran, Muskat, Ei, in Wasser eingeweichte und ausgedrückte Semmel sowie Semmelbrösel hinzufügen. Gut durchkneten.

- Den Fleischteig mit nassen Händen zu einem länglichen Laib formen oder nach Belieben mit vorgegartem Gemüse schichtweise in eine Kastenform geben.

- Die Speckscheiben in ein Bratgeschirr legen, den Bratenlaib daraufgeben und in den auf 200 - 220° C vorgeheizten Backofen einsetzen.

- Etwas später mit heißer Butter übergießen, Zwiebelviertel und gelbe Rübenschnitzel dazugeben. Paradeismark mit saurem Rahm verrühren, den Braten damit bestreichen, mit etwas Brühe aufgießen. Gesamtbratzeit: ca. 45 - 60 Minuten.

- Den Braten aus dem Gefäß nehmen und ruhen lassen. Den Fond mit dem Brühenrest auffüllen, aufkochen, durchpassieren und mit in Wasser glattgerührter Speisestärke binden.

Gefüllte Schweinsbrust
aus dem Salzburger Land

1 1/2 kg Schweinsbrust
300 g Knochen
Salz, Pfeffer

Für die Füllung:
3 trockene Semmeln
2 Eier, Salz, Pfeffer
3 EL Schlagobers
1/8 l lauwarme Milch
1 Prise Muskat
2 EL geh. Zwiebeln
2 EL geh. Petersilie
20 g weiche Butter
1 EL Semmelbrösel

Zum Braten:
50 g Butterschmalz
1 Zwiebel, geviertelt
1 gelbe Rübe, geviertelt
1/2 l heiße Brühe
2 - 4 EL Weißwein
2 EL Crème fraîche

- In die Schweinebrust vom Metzger eine tiefe Tasche einschneiden lassen. Innen und außen würzen. Für die Füllung die Semmeln klein schneiden.

- Eier mit Schlagobers, Milch und den Gewürzen gut verquirlen. Über die Semmeln gießen. Zwiebeln und Petersilie in Butter andünsten und dazugeben. Ca. 30 Minuten ziehen lassen und mit Semmelbröseln binden. Die Brust damit füllen, zunähen. Den Backofen auf 200 - 220° C vorheizen.

- Das Butterschmalz in einem Bräter erhitzen, das Fleisch anbraten, dabei die Knochen, Zwiebeln und gelbe Rüben mitbräunen. Ca. 1/4 l Brühe angießen. Den Bräter in den Backofen einsetzen. Evtl. herunter schalten. Bratzeit: Ca. 2 Stunden, zwischendurch begießen.

- Den Braten herausnehmen und ruhen lassen. Den Fond mit Brühe aufkochen, durchpassieren, mit Wein abrunden und einkochen.

- Zuletzt die Crème fraîche kurz unterziehen. Die Naht entfernen, den Braten aufschneiden und die Sauce separat dazu servieren.

Beilagen:
Erbsengemüse

Wiener Backhendl

2 küchenfertige „Hendl" (Masthähnchen ohne Innereien) à ca. 800 -900 g	100 g Mehl
2 Eier	150 g Semmelbrösel
2 EL Schlagobers (süße Sahne)	250 g Butterschmalz oder 1/4 l Öl zum Ausbacken
Salz, weißer Pfeffer	Zitronenviertel oder -scheiben
etwas Rosenpaprikapulver	Petersilie zum Garnieren

● Jedes Hendl vierteln, kurz kalt abspülen und mit Küchenkrepp trocken tupfen. Die Haut abziehen und von den Bruststücken auch die Knochen sowie Knorpel entfernen, die Eier, Schlagobers, Salz, Pfeffer und Rosenpaprikapulver in einer kleineren, jedoch höheren Schüssel verquirlen. Mehl und Semmelbrösel jeweils auf separate Teller verteilen.

● Die vorbereiteten Hendlteile leicht salzen. Zuerst in Mehl wenden und leicht abklopfen. Anschließend in die verquirlte Eier-Schlagobersmischung eintauchen und zuletzt mit Semmelbröseln gleichmäßig bestreuen. Die überschüssigen Brösel leicht abklopfen.

● Schmalz oder Öl in einer mittelgroßen Pfanne, die einen leicht höheren Rand haben sollte, möglichst langsam erhitzen. Die panierten Hendlteile nacheinander im Fett schwimmend, bei mittlerer Hitze in 10 -15 Minuten goldgelb backen. Es empfiehlt sich dabei die Pfanne sehr vorsichtig zu schwenken, damit die Panier (Panade) recht schön aufgeht.

● Bereits fertige Hendlviertel herausnehmen, auf Küchenkrepp gut abtropfen lassen und mit Alufolie abgedeckt oder im Backofen warmhalten. Auf einer vorgewärmten Platte anrichten und mit Zitronenvierteln und Petersiliensträußchen garniert servieren.

Als **Beilage** zu diesem Gericht reichen Sie am besten einen Erdäpfelsalat, den Sie nach Belieben noch mit in feinen Scheiben geschnittenen Salatgurken vermischen.

Bachforelle „blau“

1/4 l trockener Weißwein	8 - 10 Pfefferkörner, Salz
4 EL Weinessig	1 - 2 Lorbeerblätter
2 Möhren (Karotten)	4 küchenfertige Bachforellen à 400 - 500 g
2 Zwiebeln	Butter
4 Zitronenscheiben	

● Den Weißwein mit 1/2 l Wasser mischen und in einem größeren, länglichen Fischtopf aufkochen. Essig, geputzte und in Scheiben geschnittene Möhren sowie geschälte, geviertelte Zwiebeln, Zitronenscheiben, Salz, Pfefferkörner und Lorbeerblätter dazugeben.

- Zugedeckt 12 - 15 Minuten köcheln lassen.
- Inzwischen die Forellen kalt abspülen und trocken tupfen. In den vorbereiteten Sud legen und ca. 15 Minuten durchziehen lassen.
- Die Butter schmelzen.
- Die Forellen aus dem Sud heben, mit etwas Sud und der geschmolzenen Butter anrichten und mit Zitronenscheiben garnieren.

Beilage:
Salzkartoffeln (gekochte Erdäpfel) mit frisch gehackter Petersilie bestreut und Salat.

Hinweis:
Die Forellen können Sie mit Petersilie, Salatblättern, Tomaten- und Zitronenscheiben garnieren. Dazu reicht man nach Belieben

- frische oder geschmolzene Butter

- frisch geriebenen Meerrettich

Die Forellen lassen sich auch im Backrohr bei 180 - 200° C in 20 - 25 Minuten in einer größeren Bratreine (Bratgeschirr) dünsten.

Interessant für Sie:
Beliebt und weit verbreitet ist die mit dem Lachs verwandte Forelle.

Man unterscheidet zwischen drei Arten: Regenbogenforelle, Bachforelle und Seeforelle. Die erste verdankt ihren Namen der in Regenbogenfarben schillernden Haut. Sie wächst vor allem in Zuchtteichen und fühlt sich daher in wärmeren Gewässern sehr wohl. Die Heimat der Bachforelle sind die kalten, sauerstoffreichen Bäche. Ihr Fleisch ist besonders schmackhaft, weiß und fest. Die Seeforelle bevorzugt große, tiefe Seen. Sie kann eine Größe von 1 Meter erreichen, jedoch nur die kleinen, jungen Fische liefern eine wohlschmeckende Qualität. Forellen gibt es heute ganzjährig. Von Mai bis August schmecken sie jedoch am besten. Gleiches gilt für die Saiblinge, die als nahe Verwandte ein den Forellen ähnliches Aussehen haben.

Gebackener Karpfen

1 1/2 kg Karpfen	2 Eier
Salz	100 g Mehl
Pfeffer	150 g Semmelbrösel
Zitronensaft	ca. 1/4 l Öl

● Den Karpfen säubern, unter fließendem Wasser gründlich waschen in 4 gleich große Stücke teilen. Mit Salz und Pfeffer würzen, mit Zitronensaft beträufeln und ca. 10 -15 Minuten ziehen lassen. Die Eier verquirlen. Mehl und Semmelbrösel auf separate Teller geben. Die Fischstücke in Mehl wenden, danach in die Eier eintauchen und in Semmelbröseln wälzen. Überschüssige Brösel gut abschütteln.

● Das Öl in einer größeren Pfanne erhitzen, die Karpfenscheiben hineinlegen und von beiden Seiten ca. 6 - 8 Minuten backen. Auf Küchenkrepp abtropfen lasen und sofort servieren.

Tiroler Speckknödel

250 g durchwachsener Speck	3 Eier, 1/8 l Milch
150 g geräucherte Wurst	1 EL weiche Butter
300 g Knödelbrot oder 6 - 7 alte Semmeln	ca. 3 EL geh. Petersilie
	1 EL geh. Schnittlauch
	Salz, Pfeffer

● Speck und Wurst in Würfel schneiden. In einer Pfanne ausbraten, dann abkühlen lassen. Mit dem Knödelbrot oder mit klein geschnittenen Semmeln mischen. Eier mit Milch aufschlagen. Butter, Mehl, Petersilie und Schnittlauch hinzufügen, abschmecken. Gut vermischen und ca. 20 Minuten ziehen lassen.

● Reichlich Salzwasser erhitzen. Mit nassen Händen 8 Knödel formen, in das heiße Wasser geben, die Kochplatte herunterschalten und die Knödel in 12 - 15 Minuten garen. Herausnehmen, abtropfen und servieren.

Semmelknödel

8 - 10 altbackene Semmeln oder eine entsprechende Menge Knödelbrot	1/2 Bund geh. Petersilie
ca. 300 ml lauwarme Milch	40 g Butter
Salz, weißer Pfeffer, frisch geriebene Muskatnuss	4 - 5 Eier, 2 - 3 EL Mehl
1/2 gehackte Zwiebel	1 - 2 EL Semmelbrösel bei Bedarf
	ca. 3 l Salzwasser zum Kochen

● Die Semmeln blättrig oder würfelig schneiden und in eine weite Rührschüssel geben. Die Milch

mit den Gewürzen verrühren und gleichmäßig darüber verteilen. Gut durchmischen und anschließend etwa 20 - 30 Minuten durchziehen lassen.

● Die Zwiebel in heißer Butter glasig dünsten, Petersilie dazugeben, kurz mitdünsten und dann zu den Semmeln geben. Eier mit Mehl versprudeln, ebenfalls hinzufügen und alles zu einer geschmeidigen Masse verarbeiten.

● Nochmals ca. 20 Minuten lang rasten lassen. Ist die Masse dann noch weich, einfach 1 - 2 EL Semmelbrösel zum Binden untermischen.

● Mit nassen Händen gleichmäßig große Knödel formen, diese in kochendes Salzwasser einlegen, die Kochstelle herunterschalten und die Knödel in ca. 15 - 20 Minuten garziehen lassen.

● Mit Hilfe einer breiten Schaumkelle herausheben und sofort anrichten.

Mühlviertler G'hackknödel

Knödelteig:
500 g Mehl, Salz, Wasser

Füllung:
100 g gekochter Schweinsbraten
100 g gekochter Rindsbraten
150 g Wurstreste
1 Zwiebel
1 Knoblauchzehe
Salz, Pfeffer
Majoran
1 - 2 EL Butter

● Aus Mehl, Wasser und Salz einen nicht zu festen Mehlteig herstellen. Dünn ausrollen und knödelgroße Stücke daraus formen.

● Die Fleisch- und Wurstzutaten sehr fein hacken. Mit geschälter, klein gewürfelter Zwiebel und Knoblauchzehe mischen, abschmecken. Zu nussgroßen Kugeln formen, in die dünne Teighülle einrollen und zu Knödeln zusammendrehen. In reichlich Salzwasser ca. 15 - 20 Minuten garen. Abtropfen lassen, auf eine Platte geben und mit geschmolzener Butter überziehen.

Krautstrudel
aus dem Burgenland

Teig:
250 g Mehl
1 Ei, 1 EL Öl, Salz
ca. 70 - 80 ml Wasser

Füllung:
1 Zwiebel
ca. 800 g Weißkraut
5 EL Butter
Zucker
1 - 2 EL Weißwein
ca. 1/8 l Fleischbrühe
Salz, Pfeffer
gemahlener Kümmel
1/8 l Obers (Sahne)
50 - 60 g Butter zum Bestreichen
Mehl zum Bestreuen

● Das Mehl in eine Schüssel geben, in die Mitte eine Mulde eindrücken, das Ei hineingeben, Öl und Salz zufügen und in der Küchenmaschine unter langsamer Zugabe des Wassers zu einem mittelfesten Teig verarbeiten.
Mit der Hand ca. 10 Minuten weiterkneten, bis der Strudelteig glänzt.
Ca. 30 Minuten ruhen lassen.

● Inzwischen die Füllung vorbereiten. Hierfür die Zwiebel schälen und fein hacken. Das Weißkraut waschen und fein schneiden. Die Butter in einem größeren Topf erhitzen und die Zwiebel darin glasig dünsten. Mit Wein ablöschen und mit der Fleischbrühe auffüllen. Das Weißkraut dazugeben, würzen und ca. 30 Minuten offen dünsten, so dass die

Flüssigkeit langsam einkochen kann. Abkühlen lassen und das Obers unterrühren. Ein großes Tuch auf einem Tisch ausbreiten, mit Mehl bestreuen und den Teig darauf sehr dünn ausrollen. Ein Backblech einfetten. Den Backofen auf 190 - 210° C vorheizen. Die Butter auslassen und den Strudelteig mit der Hälfte der Butter bestreichen.

Die Krautfüllung gleichmäßig darauf verteilen. Das Tuch an einer Seite anheben und den Teig mit Hilfe des Tuches aufrollen. An den Rändern einschlagen und vorsichtig auf das Backblech gleiten lassen. Mit der restlichen Butter bestreichen und in den Backofen geben.
In ca. 45 - 55 Minuten goldbraun backen.

Tiroler Gröstl

600 g frisch gekochte Kartoffeln
1 große Zwiebel
350 g gegarter Schweinsbraten aus der Schulter
150 geräucherte Wurst
70 g Butterschmalz
Salz, Pfeffer, 1 TL Majoran
1 Bund Petersilie
4 Eier, Butter

● Die Kartoffeln schälen und in Scheiben schneiden. Die Zwiebel schälen und fein hacken. Den Schweinsbraten und die Wurst in feine Scheiben schneiden.

● Das Butterschmalz in einer größeren Pfanne erhitzen, die Zwiebel glasig dünsten. Kartoffeln und Bratenreste dazugeben und unter mehrmaligem Wenden anrösten. Auf niedriger Stufe ca. 10 - 15 Minuten weiterbraten. Kräftig würzen.

● Die Petersilie waschen, trocknen, fein hacken und darüber streuen. Nach Belieben mit je einem gebratenen Spiegelei garniert servieren.

Tipp: Zum Tiroler Gröstl (tirolerisch „Gröschtl") servieren Sie am besten einen Speck-Krautsalat.

Interessant für Sie:
Ein echtes Tiroler Gröstl wird mit vorgegartem Schweinefleisch zubereitet. Verwendet man stattdessen Rindsbraten, so wird es zu einem „Bauerngröschtl". Für das „Innsbrucker Gröstl", oder auch „Herrengröstl" genannt, benötigen Sie reichlich geschnetzeltes, vorgebratenes Kalbfleisch. Verwenden Sie dann allerdings ca. 500 g Fleisch und reduzieren Sie die Kartoffelmenge auf etwa 400g.

Vorarlberger Kässpätzle

750 g Mehl	
3 Eier, Salz	
1/2 l Wasser	
250 g Bergkäse oder Emmentaler	
170 g Butter	
300 g Zwiebeln	

● Mehl, Eier, Salz und Wasser in der Küchenmaschine kräftig verrühren. Durch ein groblöchriges Sieb in reichlich kochendes Salzwasser drücken. Je nach Dicke ca. 1 - 3 Minuten aufkochen lassen und sofort abseihen.

● Den Käse grob reiben. In eine Schüssel abwechselnd Spätzle und geriebenen Käse einfüllen. zuletzt mit Käse abdecken. Warmstellen.

● Butter in einer ausreichend großen Pfanne erhitzen. Zwiebeln schälen und dünn schneiden. In der Butter braun rösten und über die Spätzle geben.

Kärntner Kasnudeln

Teig: 300 g Mehl, Salz, Öl	2 - 3 EL Rahm (saure Sahne)
1 Ei, etwas Wasser	2 EL gehackte Kräuter (Petersilie, Kerbel, Pfefferminz)
Füllung: 150 g mehlige Erdäpfel	Pfeffer, Muskatnuss
300 g Topfen (Quark)	1 Eiklar (Eiweiß), 70 g Butter
	gehackte Petersilie

- Mehl, Ei, Salz und etwas Wasser zu einem nicht zu weichen Nudelteig verkneten. Hierzu am besten die Küchenmaschine einsetzen. Mit Öl bestreichen und ca. 30 Minuten rasten lassen.
- Die weichgekochten Erdäpfel durchpressen, mit dem abgetropften Topfen, Rahm, Kräutern und Gewürzen gut verrühren.
- Den Nudelteig auf bemehlter Arbeitsfläche dünn ausrollen. Runde Kreise von ca. 8 - 10 cm ausstechen, auf jeden einen Eßlöffel der Füllung geben, die Ränder mit Eiklar bestreichen, umklappen und am Rand festdrücken.
- In kochendem Salzwasser ca. 10 - 14 Minuten garen. Herausnehmen, ab-tropfen lassen und mit angebräunter Butter übergießen. Mit Petersilie bestreut servieren.

Österreichische Mehlspeisen

Die Österreichische Küche bietet eine Vielzahl weltbekannter Mehlspeisen. Obwohl manche der süßen, aber auch pikanten Mehlspeisen Hauptgerichte sein können, verbindet man in Österreich, vor allem jedoch in Wien, mit dem Begriff „Mehlspeise" eigentlich eine „Nachspeise".

Wie auch immer; in jedem Fall werden, neben anderen Zutaten, vor allem Mehl und andere Mahlprodukte verwendet. Jedes Bundesland hat seine eigenen Gerichte. Manche davon sind weltberühmt, wie der „Wiener Apfelstrudel", die Salzburger Nockerln", die „Linzer Torte" oder die „Sachertorte".

Neben Mehl erscheinen vor allem Topfen (Quark), Eier und Milch als weitere Zutaten in den verschiedenen Rezepten. Die Beilagen aus Obst (Kompott, Fruchtsaucen) liefern die nötigen Mineralstoffe und Vitamine.

So sind die Gerichte eigentlich sehr nährstoffhaltig. Strudel, Schmarrn und Knödel, sowie „Schöberl" (Früchte in Backteig), „Palatschinken" (dünne Eierpfannkuchen) und Mehlspeisen mit „Germ" (Hefe) gehören zu den typischsten Gerichten.

Ein großer Vorteil der verschiedenen Rezepte ist dass sie fast alle aus qualitativ hochwertigen, preisgünstigen Zutaten hergestellt werden, die Sie überall einkaufen können. Außerdem brauchen Sie für die Zubereitung keine speziellen Küchengeräte, denn alle Vorbereitungen können Sie mit Ihrem vorhandenen Zubehör erledigen.

Sofern bei dem einen oder anderen Gericht Eischnee gebraucht wird, muss dieser stets eine sehr feste Konsistenz aufweisen. Mit einigen Tropfen Zitronensaft versetzt, wird er in jedem Fall sehr schön fest.

Für Mehlspeisen verwendet man am besten einen mageren Topfen (Quark). Wichtig ist, dass er relativ trocken ist. Daher sollte man ihn auf einem Sieb gut abtropfen lassen oder in einem Tuch ausdrücken.

Topfen-Palatschinken

Teig:

200 g Mehl

2 Eier

1 Prise Salz

40 g Zucker

ca. 3/8 l kalte Milch

60 - 80 g Butter zum Ausbacken

Füllung:

50 g Rosinen

1 EL Rum

30 g weiche Butter

100 g Zucker

1 Pa Vanillezucker

abgeriebene Schale einer 1/2 unbehandelten Zitrone

2 Eier

250 g Topfen (mittelfetter Quark)

Staubzucker

(Puderzucker)

● Für die Palatschinken gesiebtes Mehl mit 3 EL Milch, Eiern, Salz und Zucker verrühren. Soviel Milch dazugießen, dass ein dünnflüssiger, glatter Teig entsteht. Hierzu am besten den Elektroquirl einsetzen. Ca. 20 Minuten rasten lassen. In einer mittelgroßen Pfanne die Butter erhitzen. Etwa 1/8 des Teiges mit Hilfe eines Schöpflöffels hineingeben. Die Pfanne leicht schwenken, damit der Boden gleichmäßig bedeckt ist. Insgesamt 8 „Palatschinken" (dünne Pfannkuchen) bei schwacher Hitze beidseitig goldgelb backen, auf einen Teller geben und zugedeckt warmhalten.

● Für die Füllung zunächst die Rosinen heiß abbrühen

und mit Rum beträufeln.
Butter mit Zucker, Vanillezucker, sowie Zitronenschale schaumig rühren.
Die Eier trennen und die Eidotter unterrühren.
Den Topfen (Quark) und die Rosinen untermischen.
Die Eiklar (Eiweiß) steif schlagen und unter die Topfenmasse heben.

● Die Palatschinken einzeln mit Topfenmasse bestreichen, aufrollen und mit Staubzucker bestreut servieren.

Interessant für Sie

Der „Palatschinken" (Pfannkuchen, Eierkuchen) gehört seit dem 19. Jahrhundert zu den Standardgerichten der Wiener Küche.
Seine Herkunftsgeschichte ist zudem interessant: Aus Rumänien kommend, dort „placinta" = flacher Fladen genannt, machten die Ungarn daraus „palacinta". Die Wiener übernahmen diesen Begriff und nannten die Mehlspeise „Palatschinken".

Apfelstrudel

Teig:
250 g Mehl

1 Ei

1 EL Öl, Salz

ca. 60 - 80 ml Wasser

Füllung:
70 g Rosinen

2 EL Rum

50 g Butter

1 1/2 kg säuerliche Äpfel

100 - 120 g Zucker, etwas Zimt

80 - 100 g Semmelbrösel (Paniermehl)

ca. 100 g Butter

Puderzucker z. Bestreuen

- Das Mehl in eine Schüssel sieben. In die Mitte eine Mulde eindrücken. Das Ei hineinschlagen, Öl und Salz hinzufügen. Zu einem glatten Teig verkneten. So viel Wasser hinzufügen, bis der Teig von mittelfester Konsistenz ist. Von Hand so lange weiterkneten, bis er „seidig" glänzt. Ca. 30 Minuten ruhen lassen.

- Für die Füllung die Rosinen mit Rum beträufeln und ziehen lassen. Die Äpfel schälen, vierteln, vom Kerngehäuse befreien und in dünne Scheiben schneiden. Zucker mit Zimt gemischt darüber streuen.

- Auf einem Tisch ein großes Tuch ausbreiten. mit Mehl bestreuen. Den Teig darauf sehr dünn ausrollen und langsam von

Hand nach außen ziehen. Die dickeren Teigenden wegschneiden.

● Den Backofen vorheizen.

● Das Backblech fetten. Den Teig mit Semmelbröseln bestreuen und zu 2/3 mit Äpfeln auslegen. Darüber die Rosinen geben. Die seitlichen Teigränder einschlagen. Den Strudel mit Hilfe des Tuches aufrollen und auf das Backblech gleiten lassen. Mit Butter bepinseln.

● Bei 200 - 220° C ca. 40 - 50 Minuten backen. Ab und zu mit Butter bestreichen. Mit Puderzucker bestreut servieren.

Kaiserschmarrn Wiener Art

(auch „Kaiserschmarrn")

60 g Rosinen
2 - 3 EL Rum
150 g Mehl, 1 Prise Salz
1 EL Staubzucker
1 Pa Vanillezucker
abgeriebene Schale einer 1/2 unbehandelten Zitrone
3 Eidotter, 3 Eiklar
1/8 l Milch
etwas Zitronensaft
40 g gemahlene Mandeln nach Belieben
50 - 60 g Butter oder Butterschmalz zum Ausbacken
Staubzucker (Puderzucker) zum Bestreuen

● Die Rosinen heiß abbrühen und in eine Schale geben. Mit Rum beträufeln und beiseite stellen. Das Mehl in eine Rührschüssel sieben. Salz, Staubzucker, Vanillezucker, abgeriebene Zitronenschale, Eidotter sowie Milch dazugeben. Mit dem Elektroquirl oder in der Küchenmaschine zu einem leicht flüssigen Teig verarbeiten und ca. 20 - 30 Minuten ruhen lassen.

● Das Eiklar mit Staubzucker und einigen Tropfen Zitronensaft zu sehr steifem Schnee schlagen. Nach Belieben gemahlene Mandeln zufügen. Den Eischnee vorsichtig unter den Teig heben.

● In einer größeren Pfanne Butter oder Butterschmalz erhitzen. Den Teig hineingeben, darauf die Rosinen verteilen, zudecken und auf einer Seite goldgelb backen. Wenden, mit einer

Gabel in Stücke teilen und unter weiterem Umrühren fertigbacken. Mit reichlich Staubzucker bestreut heiß servieren.

Tipp:

Zum „Kaiserschmarrn" reichen Sie am besten Preiselbeeren, Apfelmus oder ein Kompott. Sie können ihn sowohl als Hauptgericht, als auch in kleineren Portionen als Nachspeise servieren.

Interessant für Sie:

Die Geschichte erzählt, dass der „Kaiserin-Schmarrn" ursprünglich der Kaiserin Elisabeth, Gemahlin Franz Josefs I. von Österreich, vom Hofkoch gewidmet worden ist. Da sie ihn nicht so gerne mochte, Franz Josef I. ihn hingegen liebte, wurde er ganz einfach umgetauft.

Wachauer Marillenknödel

Erdäpfelteig: 400 g mehlige Erdäpfel (Kartoffel), vorgekocht
1 Prise Salz, 120 g Mehl
30 g feiner Grieß
30 g Butter, 2 Eidotter
etwas abgeriebene Zitronenschale
Füllung: 500 g Marillen
5 -6 Stück Würfelzucker
Salzwasser
100 g Butter, Zucker
ca. 120 g Semmelbrösel

- Die Erdäpfel schälen und durch eine Presse drücken. Erkalten lassen. In eine Rührschüssel geben, Salz, Mehl, Grieß, Butter, Eidotter und abgeriebene Zitronenschale hinzufügen, zu einem Teig verarbeiten. Ca. 30 Minuten ruhen lassen.
- Die Marillen waschen und den Kern herausdrücken. Halbierte Zuckerwürfel hineingeben.

Den Teig zu einer ca. 5 cm dicken Rolle formen und in 30 - 40 g schwere Stücke teilen. Etwas flach drücken, die Marillen damit umhüllen, zusammendrücken und nachformen.

- 2 Liter schwach gesalzenes Wasser erhitzen, die Knödel hineingeben, kurz aufkochen lassen, dann herunterschalten. Butter und Semmelbrösel anrösten. Nach 2 - 5 Minuten die Knödel herausnehmen, kurz abschrecken und in den Butterbröseln wälzen. Auf Tellern anrichten und mit Zucker bestreut sofort servieren.

Germknödel

250 g Mehl, 1/16 l Milch
10 g Germ (Hefe)
10 g Zucker, Salz
1 Eidotter, 30 g Butter
100 g Powidl
1 TL Rum, etwas Zimt
50 g gem. Mohn
60 g Staubzucker (Puderzucker)
60 g Butter

● Das Mehl in eine Rührschüssel geben. Lauwarme Milch, zerbröckelten Germ und Zucker gut vermischen und über das Mehl geben. Salz, Eidotter und weiche Butter hinzufügen und alles mit dem Elektroquirl zu einem glatten Teig verarbeiten. Abgedeckt an warmem Ort ca. 45 Minuten gehen lassen.

● Powidl mit Rum und Zimt verrühren. Den Teig in 4 - 6

gleich große Stücke teilen, je 1 TL Powidl in die Mitte geben und zu Knödeln formen. Nochmals 20 Minuten gehen lassen. In leicht gesalzenem Wasser auf niedriger Stufe von beiden Seiten ca. 6 - 8 Minuten garen lassen. Abgetropft auf Teller geben, mit Mohn und Staubzucker bestreuen sowie mit gebräunter Butter übergießen.

Powidltascherln

Erdäpfelteig wie Rezept „Marillenknödel" (s. Seite 62)
150 g Powidl
1 - 2 TL Zucker, etwas Zimt
2 EL Rum, 1 Eiklar
50 g Butter
3 EL Semmelbrösel
2 EL Staubzucker (Puderzucker)

● Den Teig wie im Rezept „Marillenknödel" beschrieben, zubereiten. Den Powidl mit Zucker und Zimt verrühren. Den Teig auf bemehlter Arbeitsfläche dünn ausrollen. Kreise von ca. 8 cm Größe ausstechen. Die Ränder mit Eiklar bestreichen. In die Mitte der Kreise je einen TL Powidl geben. Zu „Tascherln" formen. Am Rand gut zusammendrücken. In erhitztem, leicht gesalzenem Wasser bei schwacher Hitze ca. 7 - 9 Minuten ziehen lassen. Semmelbrösel in Butter rösten. Die Tascherln herausheben, abtropfen und in den Butterbröseln wälzen. Mit Staubzucker bestreut servieren.

Mohnnudeln

Erdäpfelteig wie Rezept „Marillenknödel" (s. Seite 62)
Mehl, 60 g Butter
120 g gem. Mohn
3 - 4 EL Staubzucker (Puderzucker)

● Den Teig, wie im Rezept „Marillenknödel" beschrieben, zubereiten. Reichlich leicht gesalzenes Wasser erhitzen. Den Teig zu einer dicken Rolle formen, nussgroße Teile abschneiden und diese wiederum zu ca. 8 - 10 cm langen, spitz auslaufenden „Nudeln" formen. In das Wasser geben und auf niedriger Stufe ca. 6 - 8 Minuten garen.

● Den Mohn in Butter anrösten. Die Nudeln aus dem Wasser heben, abtropfen und in der Mohnbutter wälzen. Mit Staubzucker servieren.

Topfenknödel

mit Zwetschgenröster

500 g Topfen (Quark)	
4 Eier	
120 g Semmelbrösel	
100 g Zucker, Salz	
1 Pa Vanillezucker	
100 g Semmelbrösel	
60 g Butter	
500 g reife Zwetschgen	
Zucker, Zimt, Rum, etwas Zitronensaft	

● Den Quark abtropfen, in eine Schüssel geben, mit Eiern, Semmelbröseln, Zucker, Salz und Vanillezucker zu einem geschmeidigen Teig verarbeiten. Ca. 45 Minuten ruhen lassen.

● Mit feuchten Händen kleine Knödel formen, in kochendes Salzwasser geben und auf niedriger Stufe ca. 10 Minuten ziehen lassen. Herausnehmen, abtropfen und in mit Butter gerösteten Semmelbröseln wälzen.

● Für den Zwetschgenröster die Früchte waschen, halbieren und mit Zucker, Zimt, Rum sowie Zitronensaft in einer Pfanne erhitzen.

● Den Backofen mit eingesetztem Rost auf 200 - 220° C vorheizen. Butter, Obers und Vanillezucker in einen Topf geben und auf der Kochstelle kurz aufkochen lassen. Dabei mit einem Schneebesen kräftig durchrühren. Beiseite stellen.
Die Eidotter mit Zucker schaumig rühren. Weißwein, gesiebtes Mehl sowie Salz dazugeben und weiterrühren, bis die Masse sehr cremig ist.

● Das Eiklar zu steifem Schnee schlagen (ggf. einige Tropfen Zitronensaft zugeben) und rasch unter die Eidottermasse ziehen.

● Eine größere, feuerfeste Auflaufform zunächst mit der Sahnesauce füllen, die Schneemasse daraufgeben und dabei hügelige „Nockerln"formen.

● Sofort in den Backofen hineinschieben und ca. 12 -16 Minuten backen lassen.

Salzburger Nockerln

mit Cassis-Sauce

40 g Butter
1/8 l Obers (Sahne)
1 Pa Vanillezucker
4 Eidotter
60 g Zucker
2 EL trockener Weißwein
40 g Mehl, 1 Prise Salz
8 Eiklar
Staubzucker (Puderzucker)

Sauce:
5 EL Johannisbeergelee von schwarzen Beeren
1/8 l trockener Rotwein
1 EL Honig
1/2 Pa Vanillezucker

● Inzwischen das Johannisbeergelee mit Rotwein, Honig und Vanillezucker aufkochen. Gut durchrühren. Die Nockerln auf Desserttellern anrichten, mit reichlich Staubzucker bestreuen und mit der Cassis-Sauce umgießen.

Tipp:
Wichtig ist, den Backofen ausreichend lang vorzuheizen, damit dieses sehr empfindliche Gebäck schnell gebacken wird.

Zwischendurch nicht öffnen, da die Nockerln sonst zusammenfallen könnten.

Interessant für Sie:
Die Salzburger Nockerln zählen zur Gruppe der Soufflées. Sie gelten als feinste aller österreichischen Mehlspeisen. Die Überlieferung beweist, dass sie bereits im 16. Jahrhundert erstmals serviert wurden.

Apfelschöberl aus dem Burgenland

- 1/8 l Milch
- 2 Eier
- 1 Prise Salz
- 150 g Mehl
- 3 - 4 reife Äpfel
- Butterschmalz, Zucker

● Milch, Eier, Salz und Mehl zu einem dicken, flüssigen Backteig verrühren. Die Äpfel waschen, vom Kerngehäuse befreien, in ca. 2 cm dicke Scheiben oder Spalten schneiden, in den Backteig eintauchen und sofort für einige Minuten in heißem Fett goldgelb ausbacken.

● Herausheben, abtropfen lassen und mit Zucker bestreuen.

Tipp:
Auf gleiche Weise werden „Hollerschöberln“ aus Holunderblüten oder Marillen-, Birnen- oder Pfirsichspalten zubereitet.

Milirahmstrudel aus Niederösterreich

Strudelteig wie Rezept „Apfelstrudel“ (s. Seite 58)	
5 - 6 Semmeln	
1/4 l warme Milch	
120 g Butter	
120 g Staubzucker (Puderzucker)	
1/2 Zitrone, 4 Eier, Salz	
1/4 l Sauerrahm	
75 g Rosinen	
60 g Butter, ca. 1/4 l Milch	

- Von den Semmeln die Krusten abschneiden, in Milch einweichen, ausdrücken und passieren. Butter und Zucker, Zitronensaft, Eidotter und Salz verrühren. Semmelmasse und Sauerrahm einarbeiten. Steif geschlagenes Eiklar unterziehen.
- Die Masse auf dem Teig verteilen, mit Rosinen bestreuen und zum Strudel aufrollen. In eine gefettete Form geben, mit Butter bestreichen und bei 200 - 220° C für 45 - 50 Minuten backen. Nach halber Zeit mit heißer Milch übergießen.

Linzer Torte

150 g Mehl
150 g gem. Mandeln
150 g Zucker
1 Pa Vanillezucker
1 Prise Salz
1 TL gem. Zimt
1 Msp Gewürznelkenpulver
abgeriebene Schale einer unbehandelten Zitrone
4 Eidotter, 150 g Butter
200 g Johannisbeermarmelade
50 g gehobelte Mandeln
Butter und Semmelbrösel für die Form
etwas Staubzucker (Puderzucker)

● Das gesiebte Mehl in eine Rührschüssel geben. Mandeln, Zucker, Vanillezucker, Salz, Zimt, Gewürznelkenpulver und die abgeriebene Zitronenschale gut untermischen. 3 Eidotter und die kalte, in Flöckchen geschnittene Butter, dazugeben. Mit Hilfe der Küchenmaschine oder des Elektroquirls zu einem geschmeidigen Mürbteig verarbeiten. Zugedeckt ca. 30 Minuten im Kühlschrank ruhen lassen.

● Den Backofen auf ca. 170 - 190° C vorheizen. Eine dunkle Springform - Größe 26 cm - mit Butter einfetten und nach Belieben mit Semmelbröseln ausstreuen. 2/3 der Teigmenge einfüllen, gleichmäßig in der Form verteilen. Mit der Johannisbeermarmelade bestreichen, dabei einen ca. 1 cm breiten Rand frei-

lassen. Die Hälfte des Teigrestes zu dünnen Streifen ausrollen. Diese als breites Gitter über die Marmelade legen. Mit dem restlichen Teig die Torte rundum einfassen. Mit dem übrigen Eidotter bestreichen und am Rand mit den Mandeln bestreuen. In 35 - 45 Minuten goldbraun backen, gut auskühlen lassen und mit reichlich Staubzucker bestreut servieren.

Tipp:

Die Linzer Torte können Sie problemlos auch auf Vorrat backen. In Folie verpackt, schmeckt sie auch noch nach einigen Tagen wie frisch zubereitet. Zum Füllen können Sie anstelle der Johannisbeermarmelade – in Österreich auch „Ribisel" genannt – ebenfalls Preiselbeermarmelade verwenden.

Sachertorte

Teig:

150 g weiche Butter

100 g feinster Staubzucker (Puderzucker)

8 Eidotter (Eigelb)

150 g Kuvertürenschokolade, zartbitter

150 g Mehl, 8 Eiklar

50 g feinster Zucker

Garnitur:

2 EL Marillen (Aprikosen)-Marmelade

150 g Kuvertürenschokolade, zartbitter

1/4 l geschlagenes, Obers (Sahne)

diverse Tortengarnitur

- Weiche Butter mit Staubzucker glattrühren. Nacheinander die Eidotter dazugeben und die Mischung mit Hilfe des Elektroquirls oder der Küchenmaschine zu einer dicklichen Creme verschlagen. Die zerkleinerte Schokoladenglasur (Couverture) im Wasserbad oder im Mikrowellengerät schmelzen. Unter Rühren abkühlen lassen und lauwarm, teelöffelweise in die Creme einrühren. Gesiebtes Mehl hinzufügen. Eiklar mit Zucker steif schlagen und mit Hilfe eines Schneebesens locker unterheben.

- Eine Springform – Ø ca. 24 cm – am Boden mit Backpapier auslegen. Den Teig einfüllen. Bei 170 - 190° C ca. 50 - 60 Minuten backen. Nach dem Backen einige Minuten stehen lassen, dann die Torte aus der Form nehmen und auf einem Kuchengitter völlig auskühlen lassen. Das Backpapier abziehen

und evtl. den Boden etwas glattschneiden.

- Die Marillen-(Aprikosen) Marmelade glattrühren, leicht erwärmen und die Torte damit, auch an den Rändern, dünn bestreichen.

- Die Schokoladenglasur (Couverture) schmelzen und die Torte damit gleichmäßig überziehen. Eventuell dekorieren und mit Schlagobers servieren.

Interessant für Sie:

Das vorgenannte Rezept einer typischen Sachertorte ist leider nicht das „Original-Sacher" Rezept. Das nämlich ist ein sehr streng gehütetes Geheimnis der Fa. Sacher in Wien. Sie produziert übrigens in Spitzenzeiten bis zu 2000 Exemplare der berühmten Torten täglich, um sie auch in die ganze Welt zu verschicken.

Guglhupf

400 g Mehl	1/8 l Schlagobers (Sahne)
100 g gemahlene Mandeln	75 g Rosinen
35 g Germ (Hefe)	4 EL Rum
1/8 l lauwarme Milch	abgeriebene Schale 1 unbehandelten Zitrone
150 g Zucker	Staubzucker (Puderzucker)
150 g Butter	Butter und Semmelbröseln für die Form
5 Eier	
1 Prise Salz	

- Das gesiebte Mehl mit den Mandeln in eine Rührschüssel geben und gut durchmischen. In die Mitte eine Vertiefung eindrücken.
Die Hefe hineinbröckeln und mit lauwarmer Milch sowie etwas Zucker verrühren. Zugedeckt an warmem Ort ca. 15 Minuten gehen lassen.

- Den Backofen auf 180 - 200° C vorheizen. Die Butter zerlassen und mit dem restlichen Zucker, den Eiern, dem Salz und dem Obers sehr schaumig rühren. Hierzu am besten den Elektroquirl einsetzen.

- Rosinen, Rum und abgeriebene Zitronenschale hinzufügen. Diese Mischung zum Hefe-Vorteig geben und alle Zutaten zu einem geschmeidigen Teig verarbeiten. Dabei sollte der Teig „Blasen“ werfen und sich leicht vom Schüsselrand lösen.

- Die Form einfetten, gleichmäßig mit Semmelbröseln ausstreuen und den Teig einfüllen. In den heißen Backofen hineinschieben und ca. 45 - 60 Minuten backen.

- In der Form etwas abkühlen lassen, dann auf ein Kuchengitter stürzen und mit Staubzucker bestreut servieren.

Interessant für Sie:
Guglhupfformen, deren Einkerbungen an Sonnenstrahlen erinnern, sind schon aus römischen Funden ca. 300 n. Chr. bekannt.

Tipp:

Dem Teig können Sie noch 100 g Aranzini (Zitronat) und 150 g grob gehackte Walnüsse hinzufügen. In einigen Regionen Österreichs wird dem Gebäck noch ca. 200 g zerkleinerte Kochschokolade beigegeben. So lässt sich das Rezept verschiedenartig variieren. Wichtig ist, dem Teig genügend Zeit zum Aufgehen zu lassen und ihn dabei an einen warmen Ort zu stellen. Hierfür ist auch der Backofen einsetzbar. Heizen Sie ihn für 5 Minuten auf 50 °C auf, schalten Sie dann aus und stellen den Teig in einer abgedeckten Schüssel für ca. 10 - 20 Minuten auf den Rost in das nun warme Rohr.

Topfen-Zwetschgen-Kuchen

- 375 g Mehl
- 30 g Germ (Hefe)
- 1/8 l Milch
- 1 Ei
- 50 g Zucker, Salz
- 1 Pa Vanillezucker
- 50 g Butter

Belag:

- 125 g Zucker
- 3 Eidotter
- abgeriebene Zitronenschale
- 2 EL Speisestärke
- 1/8 l Obers (Sahne)
- 1 kg Topfen (Quark)
- 3 Eiklar
- 1 - 1,5 kg reife Zwetschgen
- Butter zum Einfetten
- gem. Mandeln zum Bestreuen

● Mehl, fein zerbröckelte Hefe, lauwarme Milch, Ei, Zucker, Salz, Vanillezucker und weiche Butter in eine Rührschüssel geben. Mit Hilfe der Küchenmaschine oder des Elektroquirls zu einem geschmeidigen Teig verarbeiten. Zugedeckt an warmem Ort ca. 20 Minuten gehen lassen.

● Für den Belag Zucker mit Eidotter und Zitronenschale schaumig rühren. Speisestärke und Obers hinzufügen. Den Topfen abtropfen lassen und dazugeben. Zu einer cremigen Masse weiterrühren. Eiklar sehr steif schlagen und kurz unter die Topfenmasse heben.

● Die Zwetschgen waschen, halbieren und entkernen. Das Backblech einfetten und den Teig darauf gleichmäßig ausrollen. Mit gemahlenen Mandeln bestreuen und mit einer Gabel mehrmals einstechen. Die Topfenmasse darüberstreichen und die halbierten Zwetschgen mit der Schnittseite nach oben leicht eingedrückt auflegen.

● Nach Belieben noch etwas Zucker darüberstreuen. Nochmals gehen lassen. Bei 200 - 220° C ca. 30 - 40 Minuten backen.

Kirschmandeltascherln

Erdäpfelteig wie Rezept „Marillenknödel“ (s. Seite 62)
250 g reife Kirschen
100 g Zucker, Wasser
30 g Butter, 2 EL Mehl, Milch
1 Eiklar, 50 g Butter
3 EL Semmelbrösel
1 EL Staubzucker (Puderzucker)

● Die Kirschen waschen, entsteinen. Mit Zucker und etwas Wasser aufkochen. Mehl in heißer Butter anschwitzen, etwas Milch dazugeben. Einkochen. Den Kirschbrei damit binden. Abkühlen.

● Den Erdäpfelteig zubereiten, ausrollen, ca. 8 cm große Kreise ausstechen, Ränder mit Eiklar (Eiweiß) bestreichen. Mittig 1 TL der Kirschmasse geben, umklappen, am Rand andrücken. 2 l leicht gesalzenes Wasser erhitzen, die Tascherl hineingeben, herunterschalten, ca. 7 - 9 Minuten ziehen lassen. Herausnehmen, abtropfen. Mit in Butter gerösteten Semmelbröseln wälzen. Mit Staubzucker bestreuen.

Kleine Kaffeekunde

Wer in München oder Paris eine Tasse Kaffee bestellt, der bekommt in der Regel schnell das beliebte Getränk serviert. Ganz anders ist es in Österreich. Kaffee ist hier weit mehr, als nur ein Getränk, er gehört eigentlich zur Tradition. Man genießt ihn in einem der unzähligen Kaffeehäuser. Zum Genießen gehört Ruhe. Davon hat man dort so viel, dass man sogar Zeitung lesen kann, ohne vom Kellner ständig nach weiteren Bestellungen gefragt zu werden. Er erneuert lediglich unaufgefordert das obligate Glas Wasser.

Viele Zubereitungsarten sind bekannt. Einige davon möchte ich Ihnen nachstehend kurz vorstellen:

Ein **Pharisäer** sieht mit seiner Schlagobershaube eigentlich recht harmlos aus. Er wird jedoch mit einem kräftigen Schuss Rum zubereitet. Der **Konsul** hingegen ist mit einem Diplomaten nicht verwandt. Hierfür braucht man nur schwarzen Kaffee mit einem Schuss Obers. Der **Einspänner** hingegen ist ein doppelter Mokka, serviert in einem hohen Gefäß mit viel Schlagobers und Staubzucker obenauf. Nach einem guten Essen bevorzugt man den **Türkischen**. Darüberhinaus gibt es noch den **Kaffee Maria Theresia** mit Orangenlikör und die sogenannte **Kaiser-Melange** mit einem Eidotter. Für den **Kapuziner** braucht man nur starken Kaffee, der mit Schlagobers abgedeckt und mit Kakao bestreut wird.

Die **kleinen** oder **großen Braunen** sind Mischungen mit flüssigem Obers. Und bleibt er übrig, so läßt man ihn erkalten, mischt ihn mit Maraschino und Eiswürfeln in einem attraktiven Glas und serviert dann einen kräftigen **Mazagran**.

Möchten Sie einen **Kaffee mit Schleppe** auftischen, dann müssen Sie schon eine der attraktiven Mehlspeisen dazu reichen.

Zu den Rezepten:

Die Rezepte dieses Buches sind für 4 Personen berechnet, nur die Rezeptmenge einiger Süßspeisen ist größer gewählt, da diese gerne auch als Hauptgericht serviert werden. Die Angaben für das Backen beziehen sich auf Back-öfen mit Ober- und Unterhitze. Möchten Sie die jeweiligen Rezepte mit Heißluft zubereiten, so stellen Sie ca. 20 °C niedriger ein. Die Backzeiten bleiben gleich.

Zum Gebrauch des Buches:

Es werden mehrfach Abkürzungen benutzt, die ich Ihnen nachstehend noch kurz erklären möchte:

EL	Esslöffel
TL	Teelöffel
Msp	Messerspitze
g	Gramm
kg	Kilogramm
l	Liter
cl	Zentiliter
geh.	gehäuft
gem.	gemahlen
ger.	gerieben
gestr.	gestrichen
Pa.	Päckchen
vorgek.	vorgekocht

Bildnachweis:

Titelbild: Bildcollage (© photocrew, womue, koltsova – alle Bilder stock.adobe.com) Bildarchiv d. Oberösterr. Kraftwerke AG: 3, 5, 6, 13
Sigloch Edition, Künzelsau: Rücktitel, 10/11, 47, 50, 56/57, 60/61, 66/67, 70/71
Komplettbüro, München: 12, 35, 38/39, 43, 46, 50/51, 68, 72, 77
Ulrike Köb/StockFood, München: 14
Teubner, Füssen: 17, 33, 37, 44
Uwe Bender/StockFood, München: 18
S&P Eising/StockFood, München: 22/23
Archiv Gusto: 26/27, 48
Stefan Liewehr/Gusto: 29, 69
Das Foto/Gusto: 30/31
Robert Bosch Hausgeräte GmbH, München: 34
Michael Brauner/StockFood,München: 53
Niederl. Büro f. Milcherzeugnisse: 58/59
Pfanni Presse-Service: 1, 62/63
Kompatscher-Hoppe/StockFood, München: 75
Eskimo-Iglo, Wien: 65, 78

Autorin und Verlag danken den oben genannten Unternehmen für die umfangreiche und freundliche Bereitstellung des Bildmaterials, sowie weiterer Mithilfe.

Redaktion: Ursula Calis, München
Design & Produktion: Verlagsbüro Fritz Petermüller, Siegsdorf

Karl-Kapferer-Straße 5
A-6020 Innsbruck
www.kompass.de/service/kontakt
Verlagsnummer 1700
ISBN 978-3-99121-168-6